岡本 央
Sanaka Okamoto

泥んこ、危険も生きる力に

ないないづくしの里山学校

森に学ぶ、木更津社会館保育園と土曜学校の子どもたち

家の光協会

はじめに

私は日本各地を撮影で旅してきた。そして行く先々で、故郷の自然と戯れ、風土に根ざして生きる子どもたちと出会った。

野山や海、川などで夢中になって遊ぶ子どもたち。地元の産業や特産品、伝統芸能や工芸などについて学ぶ子どもたち。親の仕事を手伝う子どもたち。その豊かな表情に魅せられ、いつしか彼らを追いかけることが私のライフワークとなり、私は彼らを「郷童《さとわらべ》」と名づけた。

ところが、このシリーズを継続させることが難しくなってきた。野山から、田畑から、子どもの姿が消え始めたのだ。ついには、アジアの地方都市など、海外にまで足を伸ばすこととなった。

国が発展し、物質的豊かさを享受する日本の子どもたち。一方、貧困のため、学校にも行けず、家の手伝いをするアジアの辺境の地で暮らす子どもたち。なぜ私には、貧しい子どもたちのほうが、その目が輝いているように見えるのか、なぜ、子どもらしく生きているように感じるのか。ただ私は自分が生まれ育った時代を懐かしんでいるだけなのか。

私が千葉県木更津市の「里山学校」と出会ったのは、そんな自問自答を繰り返していたころだった。私の目の前にいるのは、紛れもなく現代を生きる子どもたち……。

「ここにいた、私が探し求めていた子らが」

以来、私は「里山保育」の撮影に足しげく通うようになり、小学生が一日を里山で過ごす「土曜学校」の存在も知ることとなる。
「里山保育」と「土曜学校」を立ち上げた木更津社会館保育園の宮崎栄樹《みやざきえいじゅ》園長の保育哲学のひとつ――「少年時代の原風景が一生を貫いて人を支える」は、私自身が作品を撮り続けるエネルギー源となっている確固たる思いだった。風にのって漂ってくる干し草のにおい、手に伝わる川で捕まえた魚の生命力、田畑で汗を流す大人たちの姿……。今もふと脳裏に蘇り、私を幸福感で満たし、私に前を向く勇気を与えてくれる。

宮崎園長曰く――「この園のやり方は五十年前までは当たり前だった日本の子どもの世界を、少し今風に直して再現しているだけなのです」

人工知能（ＡＩ）が人間の能力を追い越すと言われている近い未来に備え、さまざまな教育改革が実施されようとしているが、ＡＩが苦手とすること――未来を生きる子どもたちに求められる「思考力・判断力・表現力」と「主体性」が、「里山保育」や「土曜学校」では、確かに養われている。

私が「里山学校」に通い続けて約十年になる。里山で子どもたちを見守ってきた、「土曜学校」講師の直井洋司さんが私に言ってくれた。
「ここのことを伝えるのに、詳しい説明はいらないのではないですか。岡本さんの写真で子どもたちの姿を見れば、それはわかるでしょう」と。

私の写真が、これからの保育・教育について考えるきっかけになれば、こんなうれしいことはありません。

岡本 央

もくじ

本書について

宮﨑栄樹

直井洋司

※p.22～93で、上の右のマークがついたものは宮﨑栄樹園長の、左のマークがついたものは「土曜学校」講師の直井洋司さんのことばです。
※木更津社会館保育園では、園児対象の「里山保育」と、小学生対象の「土曜学校」を行っています。この二つの総称として「里山学校」を使っています。

デザイン　中島三徳（M Graphics）
校正　　　高橋和敬

ここにはゲームがありません。
ここにはテレビもありません。
ここにはお店がありません。
ここには教科書がありません。
ここには時間割もありません。
ここには通知表もありません。
ここにお母さんが来ることはありません。

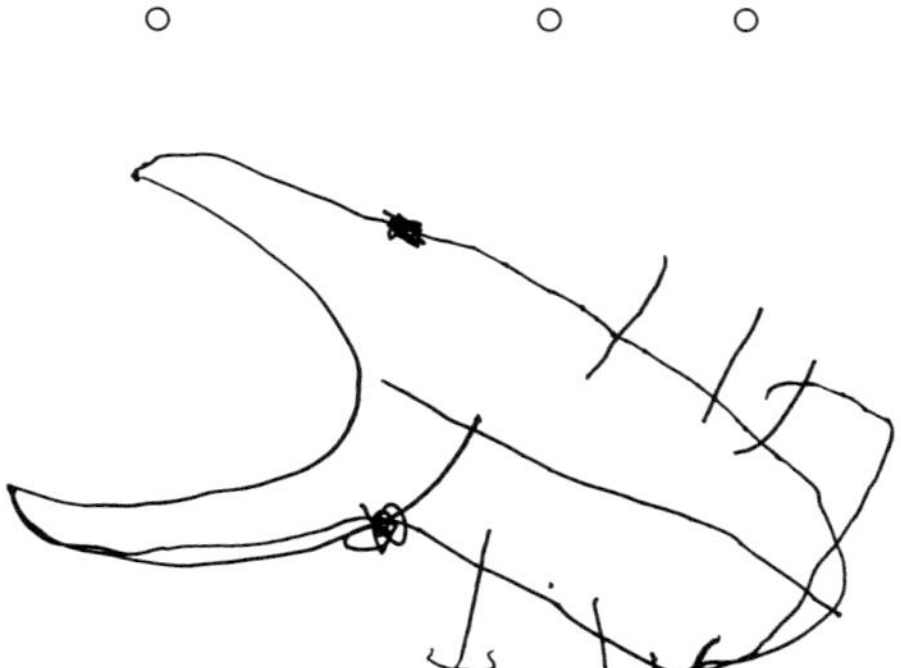

何をしてもいい、何もしなくてもいい　里山学校

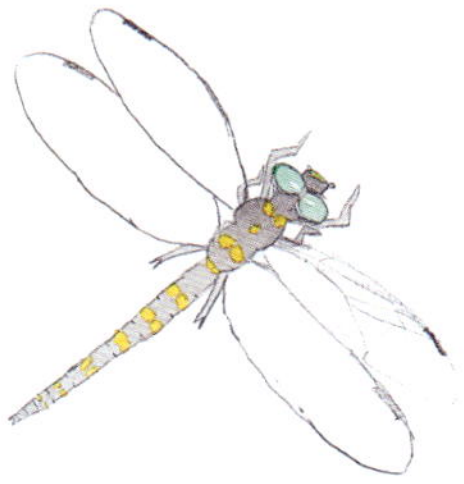

千葉県木更津市郊外の里山で行われている「里山学校」。その拠点は、「佐平館《さへいかん》」と呼ばれる築百五十年余りの古民家だ。かつて農家だった古い屋敷を改修して使っている。少し高台にあるその敷地の中に、縁側のある大きな母屋と、かつて牛小屋や作業小屋として使われていた建物が並ぶ。足や農具などを洗っていたであろう小さな池や、他所から移築した「佐平館たんぼ総合研究所」と呼ばれる蔵もある。敷地の周囲に広がる竹林や雑木林。「佐平館」のシンボルである大樹・マテバシイの横を通って下りていくと、すぐに田んぼや畑に行き着く。小川もあれば湿地もある。この広さ約一万坪の里山すべてが子どもたちの活動の場なのだ。

木更津社会館保育園が「里山保育」をスタートさせたのは、一九九九年三月のこと。年長組（五歳児）が一時間かけて本園から

この里山まで歩いて来て、年間約五十日を過ごす。完全学校週五日制が始まった二〇〇二年からは、小学一年生から四年生まで（現在は六年生まで）が参加する「土曜学校」も始まった。

「佐平館」には市販の遊び道具はない。里山にはお店もない。おもちゃもお菓子も持ち込み禁止だ。「里山保育」では本園同様、給食が用意されるが、「土曜学校」では、基本的に田んぼで収穫した米を焚き火で飯盒炊爨《はんごうすいさん》。雨の日や工作などをする以外、真冬であろうと真夏であろうと屋外で過ごす。トイレは水洗ではなく汲み取り式だ。

そんな〝ないないづくし〟の里山で、現代っ子たちが一日を過ごすのだ。何をしてもいいし、何もしなくてもいい。活動プログラムはない。大人たちはいるが、原則子どもたちに指示を出さない。

「里山教育」の中心的存在である、直井洋司さんを中心に、「里山保育」では保育士たちが、「土曜学校」では講師と呼ばれる大人たちが子どもたちを遠目に見守る。「土曜学校」の講師には、水産総合研究センターの職員、元高校の生物教師などがいる。興味を持つ

てついてくる子や、質問をしてくる子には、基本的なことについては対応しつつも、直井さんの口癖は、「自分で考えろ」。ここでは子どもの自律性が何より重んじられているのだ。

豊かな生活が当たり前である今の子どもたちが、はたして〝ないないづくし〟を楽しめるのか心配したが、彼らから「疲れた」「飽きた」という言葉は一度も聞いたことがなく、帰る時間を惜しむように一日を過ごす。

ここにあるのは、森と農家の庭先と田んぼと畑だけだが、子どもたちにとっては、好奇心と冒険心を遺憾なく発揮できる魅力的な場所なのだ。〝ないないづくし〟を〝あるあるづくし〟に変えて、「生きる力」を育んでいる。

私が初めて里山に入ったときに言い渡された撮影時の注意事項。それは、「できるだけ、子どもたちの活動にかかわらないようにしてもらいたい」だった。

どこで何が始まるかは、その日のお楽しみ。各所に散っていく子どもたちの後を、私は一日中追い駆けることとなる。

森の中には

何がある?

水と土と遊ぶ

きれいな格好は敵。
走る、転ぶ、かけあう。
白い肌の子たちが、
見る間に全身泥に染まる。
頭には泥を盛られ、
パンツの中にもつめられる。

水と土こそが
子どもたちの最善の
おもちゃにもかかわらず、
世間では
汚してもいい姿ではなく、
汚してはいけない姿で
遊ばせている。

ここでは、
どんなに服や
靴を汚そうが、
叱られることはない。
泥まみれの姿は、
まさに勲章なのだ。

裸と泥が
子どもたちの心を
自然に向けて
解放してくれる。

ここは〝バリアフル〟

溝にはまる子、斜面を転げ落ちる子。
里山は危険がいっぱい。
ここは、バリアフリーならぬ〝バリアフル〟。

「安全・便利なものは、
お年寄りや障害のある方には
必要だけど、子どもにとっては有害。
子どもが身体を使わなくなり、
その成長は阻害される」
そんな考えで、危険や不便なことに
あえて立ち向かわせる。

子どもたちは
危ないところが大好き。
急斜面ほど
冒険心をかきたてる。
跳んだり、滑ったり、
どんどんやる。

危険なことと
対峙させることが
子どもを賢くする。

小刀と焚き火は必需品

小刀は物作りに、
焚き火は食べ物を煮炊きしたり
体を温めたりするのに、欠かせない。
どちらも、幸せや安らぎを
もたらしてくれる大切な必需品。

気を抜くと
けがをしてしまう道具を
みんな、実に器用に使いこなす。
「土曜学校」では技量が認められれば、
年齢に関係なく「マイ小刀」が贈られる。
これを目ざして、がんばる子は多い。

火は人を呼ぶ。
火を絶やさないように
枯れ木を集める。
消えないように、
口で空気を送る。
拾ってきた木の実を炒る。
ぬれた靴や服を乾かす。
煙い煙いと言いながら
火の元から離れない。

小刀、
焚き火を
子どもたちから
取り上げたのは、
大きな失敗。

なんでも分解

佐平館に運びこまれた使わなくなった車、自転車、農機具などを次々とバラしていく。

分解しながら、
その仕組みを知り
再利用可能な部品を仕分けしていく。
「もう動かないから捨てなさい。
新しいのを買ってあげるから」
そんな世界とは無縁だ。

外した自転車の
タイヤを利用して、
一輪車の大作に
挑んでいる子もいる。
次は「電車を解体したい」と、
興味はつきない。

子どもたちは
壊すことが大好き。
分解、再生し、
自分の遊びに
変えていく。

欲しいものは自分で作る

木の枝を削ってバターナイフを作る、
ツタを編んでかごを作る、
葉っぱでアクセサリーを作る……。

器用な子もいれば
不器用な子もいる。
ただ木を切ったり、
釘を打ちつけたりしただけでも、
自分で作ったものは宝物。

子どもたちは本能に
突き動かされているかのように、
さまざまなものを作りだす。
手先を使い、脳のさまざまな
回路を働かせることで、
いろんな面で
応用のきく子が育っていく。

作ることは
連綿として
伝えられてきた、
生きるための
営み。

PASSEZ

自給自足と早い者勝ち

ボーッとしていると、
うっかり食べ損ねることも。
おいしい木の実がなる季節や場所を
知っている子は、われ先にと食べに行く。

昼ご飯は、畑や自然の中から
集めてきた食材でみそ汁づくり。
フキノトウ、ノビル、ダイコン……
食べられるものは、なんでもあり。

「七分の満足と三分の飢え。
食べ物はお金で買うものだと思わせない。
自給自足の一日が、精神の自律レベルを押し上げる」という。
自分で採ったものは自分で食べる権利がある。
でも、「ちょうだい」って言われなくても、
みんなに分け与える。

食べる意欲は、
生きる意欲に
つながる。
ひもじい思いで、
食べ物に感謝。

五感をとぎすます

地下水をなめて「おいしい」と目を細める子、
みんな音が違うと草笛を作りはじめる子、
地べたでゴロンとなり、土のぬくもりを感じる子……。

ぬるぬる、冷たい、
痛い、おいしい、きれい。
びっくり、どっきりに
満ちた体験で、
子どもたちの表情が
豊かになる。

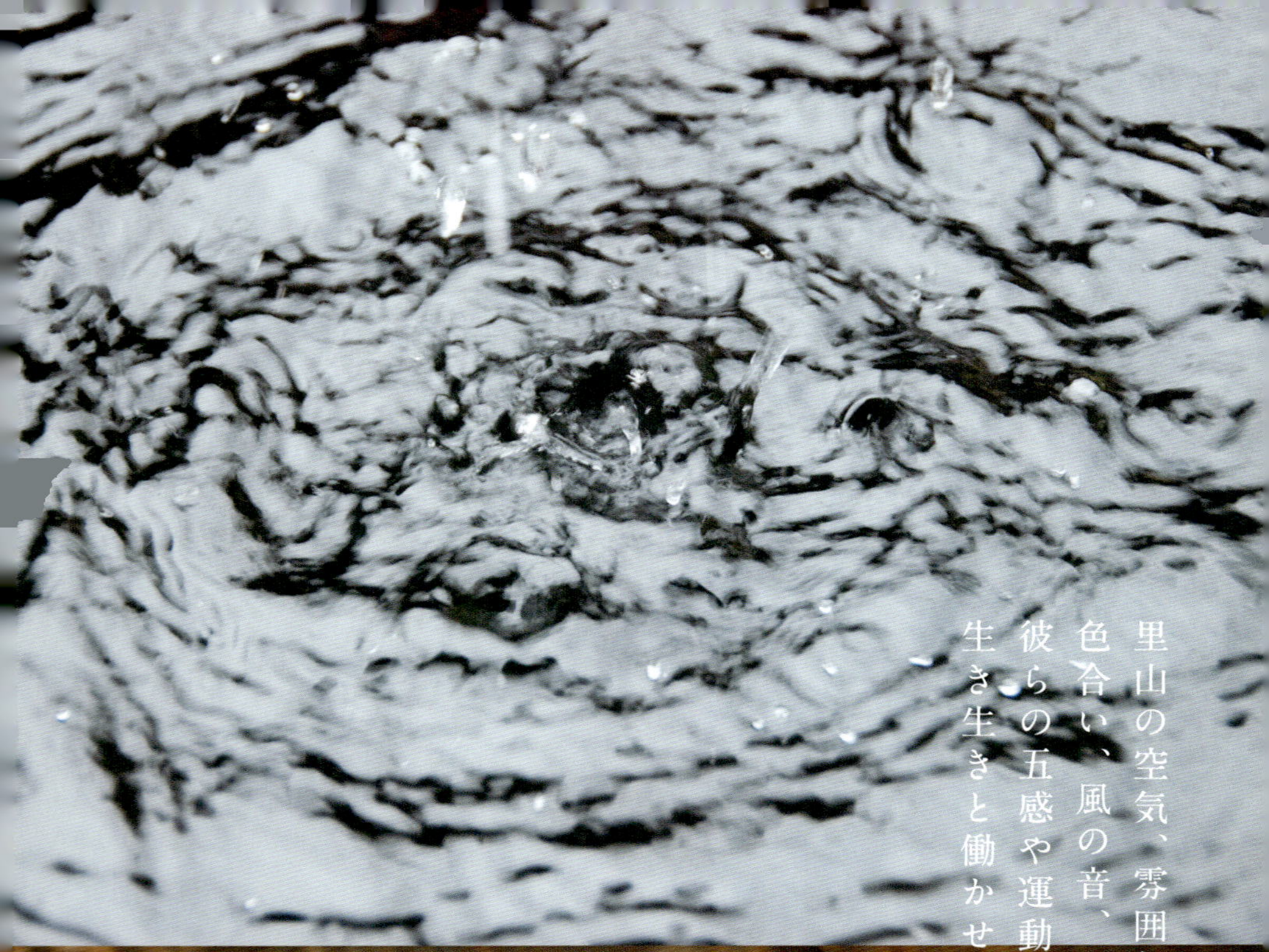

里山の空気、雰囲気、
色合い、風の音、一匹の虫が、
彼らの五感や運動能力、共感能力を
生き生きと働かせる。

子どもたちの
低い目線は、
自然の
わずかな変化
を見逃さない。

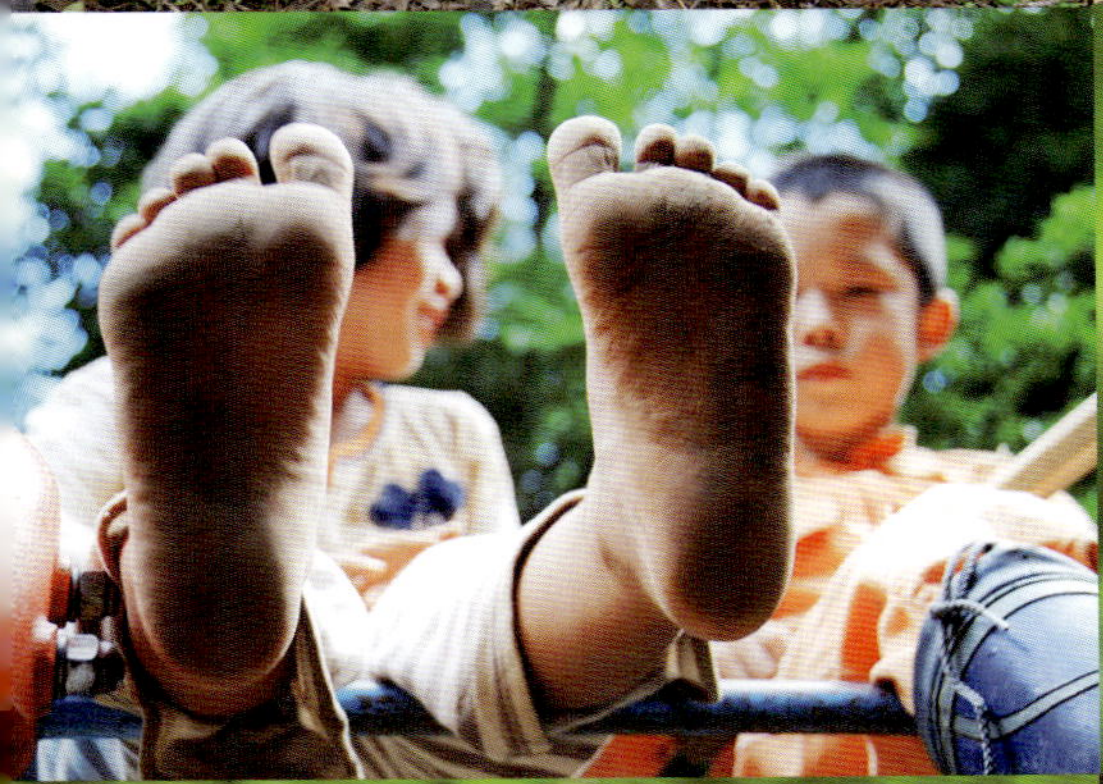

子ども博士たち

里山には、オニヤンマ、アオダイショウ、ノウサギ、
カルガモの親子などたくさんの生き物たちがいる。
それらを目当てに一日中、
野山を駆け回っている子たちもいる。

何かひとつの
生物にこだわり、
観察を続けてきた子は、
形、色、模様など、

種類による特徴の違いや、
名前にも精通。
「博士！」と、
つい声をかけたくなる。

「どうしてこんな動きをするのかな？」
上から見ても、下から見ても、
みんな違うからおもしろい。

生き物には
それぞれの
名前がある。
それを
知ることが、
科学の入り口。

CLARKSBURG
DEPT
P-36
SPECIAL TEAM

失敗しても楽しい仕事

鍬や手で雑草や
泥をかき分けながら、
沼地に田んぼをつくる。
ウサギやカラスに
取られないように、
ニンジンを育てる。

大人をまねて、
あるいは、
自己流でやってみるが、
水路は流れず、池は干上がり、
野菜を育てれば草ぼうぼう。
でも、
自分で決めたことなので、
失敗しても、くじけない。

カラス立入きんし

夢を
達成するための
自発的な仕事は、
たいへんでも
おもしろい。

一人ぼっちも気にしない

ひとりでビニールシートと
格闘する子がいても、
みんなと離れた場所で
ご飯を食べる子がいても、
ここでは、だれも気にしない。

「必要に応じて、単独行動、ペアでの行動、
集団行動を柔軟に使い分けなさい。
いつも友達が一緒じゃないと、
言うことを聞く子分がいないと
生きていけないというのはダメだ」と
さりげなく教えられる。

人との距離の取り方とは、自己主張の仕方。

ここは子ども社会

「感情は表現されてこそ熟していく。
傷つけて心の痛みを知り、
傷つけられて体の痛さを知る」
そんな考えから、ここでは、
けんかが始まっても、
よほどのことがない限り、
大人が仲裁に入ることはない。
おたがい大声を上げて言い合ったり、
上級生が仕切ったり、
子どもたちで解決していくことが
優先される。

山の中には、穴を掘ってトタンや
廃材をかぶせた秘密基地がある。
基地を攻めてきた別のグループと
合戦が始まり、
土の玉が飛び交うことも珍しくない。

「怒るな」「けんかをするな」は、
「笑うな」「泣くな」と同じ。

保育園も同じ世界

木更津社会館保育園の園庭は、里山保育の拠点の佐平館と同じように「ないないづくし」の空間だ。

プラスチックのおままごとセットや、出来合いの遊具はない。子どもたちは土の小山や丸太や水たまりを駆け回り、使い古しの鍋やフライパンやビニールホースなどで遊んでいる。砂場もなく、どこを掘ってもいい。

樹齢九十年ほどのプラタナスの樹上には、ツリーハウスがかけられている。階段やはしごがないので、工夫しながらよじのぼる。

「私の願いは、子どもたちを安全な環境に置き、すくすく育てることではありません。たとえ何があろうとも、苦難を乗り越えて平気で生きていける人になることです。そのために、何をするにも『未完』『未然』の状態を残して、子どもたちに手ごたえ、歯ごたえ、踏みごたえを感じさせていくのです」

そんな宮﨑園長の考えから、園庭は年五回つくり変えられる。四月、入園式の日に平らだった園庭に数週間後ユンボが入り小山ができると、子どもたちは大興奮で登り、泥をにぎる。三か月間泥水に浸った子どもたちに、七月になるときれいな水のプールが用意される。十月初めには運動会のため平らに整地されるが、これが終わると、五

歳児が満足できる「危なさ」を備えた、フィールドアスレチック風にジャングルジムなどが配置される。十二月末には焚き火と竹馬ができるようにまた平らにならされ、卒園式を迎えて、そのまま入園式。

運動会も他の保育園とはちがう。「田植えから稲刈りまで」「みそ汁作り」など毎回ストーリーと競技が設定され、竹登りや障害物競争など子どもたちの挑戦の場も用意される。怖くて尻込みする子がいたとしても、できるまで全員が待つ。会場全体が応援し、成功すれば大喝采だ。

園で使う縄跳びの縄も自分で作る。完成すると、園長と引っ張り合いをして強度を確かめ、「合格」と、お墨付きが出れば、満面の笑みが。

挑戦してできたことへの満足感と自信が、子どもたちを大きくする。

里山保育の哲学

本当の生きる力を身につけさせるために、宮崎園長らが長年貫いてきたこと。

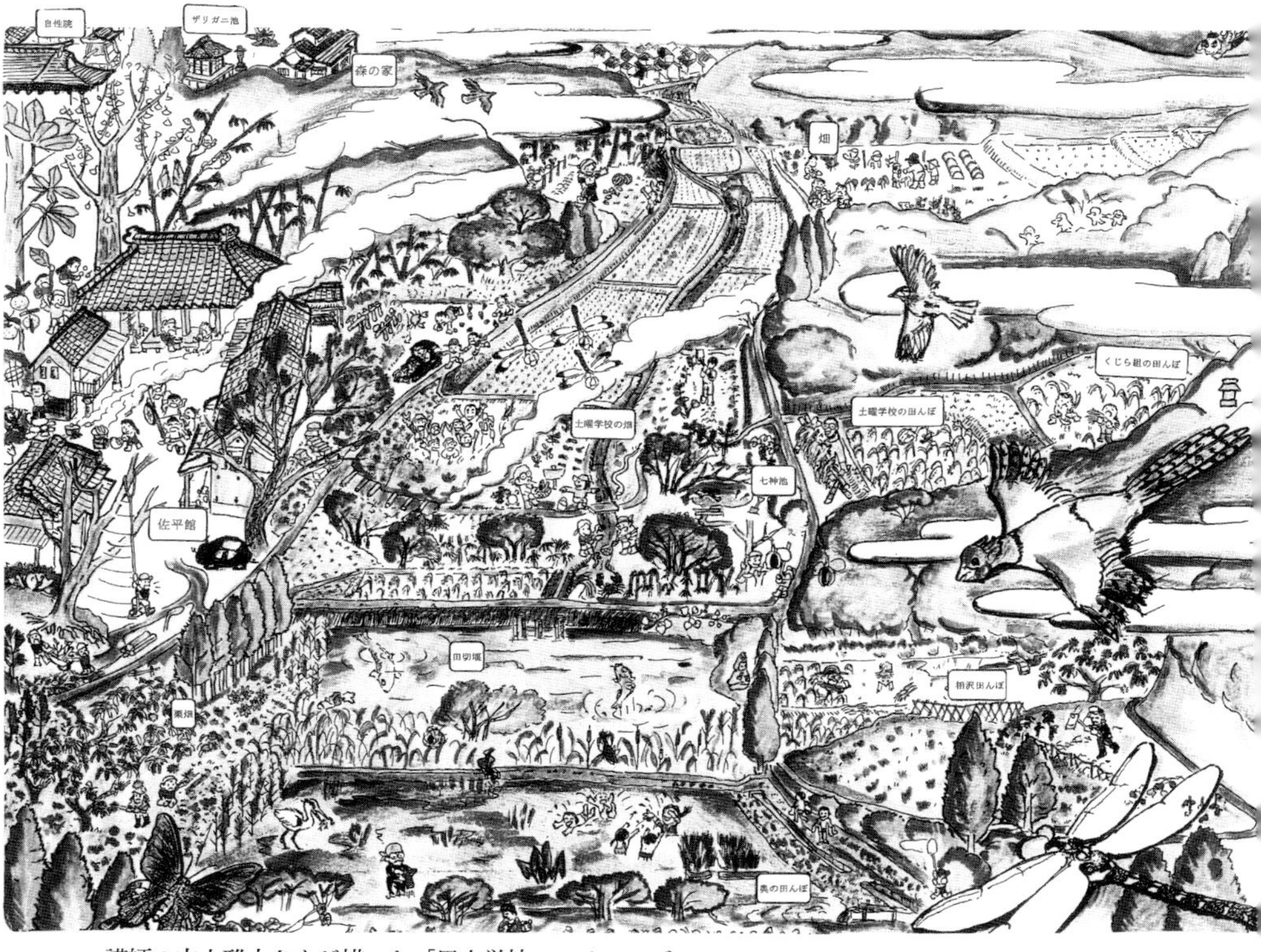

講師の内山雅史さんが描いた「里山学校」のイメージ。

不自然な自然

木更津社会館保育園が目指す到達点。それは、九歳までに「自分は生まれてきてよかったのだ」と、一人ひとりの子どもに確信させることだという。

なぜ、九歳なのか。九歳は、子どもの成長において重要な節目となる年齢で、この時期を過ぎると、子どもの親離れが始まり、親の言うことを素直に聞こうとはしなくなるそうだ。

「だから九歳までに、子どもたちに善悪の判断基準や先祖の存在などを伝え終わっている必要があるんです。九歳までに、お母さんが夕日を見ながら『なんてきれいなの』とつぶやいた言葉、おばあさんが『孫はかわいいねぇ』と目を細めた笑顔、お父さんが『それは許されることじゃない!』と言い切ったその毅然とした態度は、子どもの心に素直に届き、深く刻まれ、彼らの一生の支えになるんですね(宮崎栄樹園長)」(※以下「」内は、名前を明記したもの以外は宮崎園長の言葉)

では、九歳までの子どもにとって、なぜ里山が有効なのか。「里山での教育や保育」と聞いて、みなさんは何を思い浮かべるだろう。

「自然豊かな空気がおいしい場所で、子どもたちをのびのび、ゆったりと過ごさせる。そんな保育でしょうか。だとしたら、私たちの『里山保育』は真逆です。うっかり油断していたら、とんでもないことになります。アシナガバチに刺されるかもしれない。マムシに咬まれるかもしれない。土手から転がり落ちるかもしれない。でも、危険を排除したら、もうそれは自然ではありません。動物園の動物のような、周りを警戒する必要も食べ物を探す必要もない環境に子どもたちを置いたのでは、意味がないんです」

小川の生き物に興味を持った子どもたちは、トンボの生態調査をしている内山さんについてまわる。

森にはさまざまな生き物がいる。ハチなどが出没することもあるが、注意しながら遊ぶ。

私は「自然体験」と称するイベントを何度も取材したことがある。なかには、土にふれさせないため、子どもたちがビニール手袋をはめるなど、主催者が細心の注意を払って危険を排除した環境の中、決められたプログラムをこなしていくところも。その姿を写真に収める親たち。そんな過保護と過干渉が行きすぎた光景を見ると、違和感を覚えていた。その一方で、「里山学校」の撮影をしているとき、子どもたちが手を切らないか、骨折しないか、ハラハラドキドキする場面を何度目の当たりにしたことだろう。だから心配する親御さんらの気持ちもわかる気がする。実際、撮影した写真には、子どもたちが転ぶ姿がたくさん収められている。それでも、一度も大けがに遭遇したことはない。

「大人は、子どもたちに初めから秩序ある世界を用意しない。目の前にあるものを宝物にするのは、子どもたち自身の想像力や創作力です。それが子どもたちの遊びだと私は考えているんです。保育・教育に携わる大人たちは、子どもを見くびることなく、彼らの動きに目を凝らし、光って見えるものを探し続けることが必要なんですね」

素敵なお母さんの意外な盲点

里山にやって来た子どもたちは、「何をしてもいい。したいことがなければ、何もしなくてもいい」と言われている。もうここからして、プログラムが事前に準備されたイベント的な自然体験とは違う。

「大人が先回りしない。子どもは、今、やりたいことをやる。そういう環境に置かれると、子どもは自分が何をしたいか考え始めます。九歳までの教育とは、未完成な子どもたちを自発的に生きさせることなのです」

大人が先回りをすると、子どもはどうなるのだろう。

「三歳で入園してきたお子さんの例を話しましょう。その子のお母さんは、わが子の気持ちがよくわかる素敵なお母さんでした。子どもが泣きそうになると、その原因をさっと突き止めて、抱っこしたりおっぱいを飲ませたり……。でも、結果としてその子は、座ったら座ったまま、立たせたら立ったままで、自分から歩こうとも走ろうともしない。園の先生が引っ張って動かそうとするのだけれど、本人に動く気がないので、その体はすごく重い。打っても響かない心を、いつも先回りしてきたお母さんがつくっちゃったんですね」

先回りをするのは、親たちだけではない。子ども向け商品の広告に並ぶ「子どもに優しい安全・安心設計」等のうたい文句。子どもが痛い思いをしないように、辛い思いをしないように、大人たちは競って先回りする。日本は安全で安心。人に優しいもの、便利なものにあふれた国になった。ありがたいことだが、人はちょっと手間がかかれば「面倒くさい」と思うようになり、便利なものに不具合が生じると混乱が生じるようになってしまった。

里山も、人と自然が寄り添って生きるようにつくられた環境だから、本来の自然より人に優しい。食料や木材などの自然資源を供給し、木々の根っこは山崩れなどから人を守り、植物は光合成によってきれいな空気を送り出してくれる。その反面、里山は危険もいっぱいだ。街では段差や急勾配を取り除くバリアフリー化が進む中、里山は、まさにバリアフル。油断大敵なのだ。

「昔の人は子どもがけがをしても、『けがは子どもの勲章だ。よく我慢した、偉い！』と、ほめたものですよ。人には元々『何かおかしいぞ』と予見する危険予知能力がある。でも、この力は、危険から隔離されていると眠ったままになるんですね」

私は里山に行くと、かつて訪れた中国やブータンの秘境で暮らす子どもたちのキラキラした目を思い出す。貧しくて一日二食という村もあった。親の手伝いで学校に行けない子どもたちもいた。そんな環境にあっても、彼らは将来への夢を語り、突然やって来た異国からの客人である私を優しく迎え入れ、時には乾燥したトウモロコシなどのお土産までくれた。豊かな時代に生まれた日本の子どもたちは、はたして幸せなのだろうか。物質的な貧しさが心の貧しさにつながるわけではないことを、私は取材を通して確信した。

「日本の子どもたちは、飢えることもなく、たくさんの物に囲まれて大事に育てられている。ただ、この幸せが当たり前になりすぎると、『もっと幸せになろう』と自ら行動を起こす必要がなくなってしまうんですね。実際、中学生になってもずっと子どものままでいたい、と思っている子どもが少なくないと聞きます。ひとりでは何もできない子どもがそのまま大人になったら、何が起きるか……。

ひもじい思いなどさせたくない、お金がないせいで辛い思いをさせたくない、そう思って親御さんは一所懸命がんばってこられた。でも、かつて少年院で教官をしていらした高垣順一郎先生が、こんな論文を書かれています。『貧困等の物質的な劣悪な環境が、少年たちを犯罪へと向かわせる直接的な要因ではない』と。養育を担う親たちの敗北感や無力感、世の中に対する敵意などが、『自分は生まれてこないほうが良かったんだ』という自己否定や絶望感を子どもたちの心に植えつけたのだと。突然事件を起こして『あんないい子が』と言われる子どもたちは、『いい子』を演じていたにすぎないんですね」

子どもはロボットではない

日本では、カメラを向けるとピースサインをしてポーズをとる子が多い。記念写真ならともかく、田んぼの土手で遊んでいるときでも、何か作業中であっても、それを中断してカメラのほうを向いてお決まりのポーズをとってくれる。私への優しい気遣いなのかもしれないが、子どもらしい表情を撮りたい私は、

「ピースはなし」と何度言ったかわからない。

この里山では、私がそばにいることにも気づかず、何かに没頭し続ける子どもが多い。気づいたとしても、見つけた生き物や手作りの品をこちらに差し出しながら、おどけたり、はしゃいだり、子どもらしい素の表情を見せてくれる。昼ご飯の時間が来ても、雨が降り始めても、何かに集中している子どもたちを、私はいつも幸せな気持ちで眺めている。

「人間は、子ども時代に子どもらしい日々を充分に生き切ることで、子どもっぽさ、幼児性を消化していくんですね。ところが、本来なら〝ごっこ遊び〟に没頭すべき三歳のころから机に縛りつけ、小学生のような教育を受けさせようとする。里山を思い思いに動き回って自然と戯れるべき時期に、塾だ、習い事だと、決められたスケジュール通りの生活を強いられる。

一歳児にだって一歳児なりの自発的な欲求があるんですよ。それに目を向けられることなく大人の考えを押しつけられる。子どもは自ら感じる、欲する、判断する機会を奪われ、大人の指示に従う。それでは人間ではなくロボットですよ。お絵描きひとつとっても、人の顔は肌色で塗らなきゃいけないわけではない、形が見た目と違っていたって構わない。彼らが描きたいように描くから、木更津社会館の子どもたちの作品は多彩ですよ。虫捕り、分解、読書、そしてけんかだってそうですが、九歳までに周囲の声が耳に入らないほどの集中と興奮の持続を経験させる。それが大脳の発達を促すことは、広く知られるようになりましたけど、この集中・興奮の機能の発達が先にあって初めて、子どもたちに〝抑止力〟がつくということは、意外に知られていないですね。

小学校高学年ぐらいから、特に男の子が攻撃的・暴力的になるのは、成長過程においては当たり前のことなんです。脳の前頭前野が担う〝ブレーキ機能〟がしっかり利くようになるのは、三十歳前後。それまでの時期の不安定な精神を落ち着かせる〝安心ホルモン〟、セロトニンの分泌を促すには、日光と運動、つまり屋外での活動がとても大切なんですね。抑止力を最初につけるなんて不可能。それを強いれば抑止力ではなく無力感の学習になってしまう。いったん身についた無力感を集中・興奮の持続へと導くのがいかに難しいか。それを、大人は理解しておくべきだと思います」

里山にやって来るなり、子どもたちはひと休みすることも、何をしようか迷うこともなく、目的の場所へと散っていく。

「市販の遊び道具がなくても飽きることなく遊び続けられるのは、遊びを考え、それを変化・発展させられるだけの豊かな創造力と感性が育まれているからでしょうね」

今日は何が始まるのか、何が起こるかは、予測不能。だから、私もまた飽きることなく、東京湾アクアラインを通って、この里山に通い続けている。

心をスッと立て直す

ところで宮﨑園長は、どうして里山に子どもたちを連れ出そうと思ったのだろう。

「私は三十歳で祖父の跡を継いで木更津社会館保育園の園長になったのですが、私に与えられた最初の課題は、老朽化した園舎の全面改築でした。その設計で私がもっともこだわったのは、子どもたちに安心感とともに適度の緊張感を持たせたいというものでした。例えば、一歳の赤ちゃんが室内をハイハイして動き回ると、お滑り板などの〝バリア〟に出くわす。『何これ?』と赤ちゃんはちょっと身構えて、頭をくるっと回転させて発想を変え、また動き出す。くじけそうになる心や体を立て直して、何もなかったかのように再び歩き出す子どもたち。〝歯ごたえ・手ごたえ・踏みごたえ〟欲求を充分に満たされた子どもたちが、ニコニコしている保育園を私は目指しました。

木更津社会館保育園では、行事のときは多くの保護者が協力する。これは冬のイルミネーション作り。

一人で竹馬のどこまで高く登れるか。助け合って垂直の板登りにも挑戦。台所用具もあちこちにある。

日本では、今も子どもの自殺のニュースが後を絶ちませんね。生き物は自分で自分を抹殺するようにつくられていませんから、自殺なんてことは、普通に考えたらできないんですよ。耐えきれなくなって、死んだほうがましだと思ってしまう。私はそういう考え方のできない子どもにしてしまおう、そう思っているんです。あきれるほど楽観的で、どんな状況に追い込まれても楽しめてしまう。いじけず、くじけず、ひるまない人間にしてしまいたいと……。

生き物は、何がなんでも生きていこうとする本能を持っているはずですから、それが敗北を先取りしてしまうということは、どこかの時点で一種の被害者意識のようなものを植えつけられたのでしょう。結局、『事実は存在しない。存在するのは解釈だけ』。ドンとぶつかられても、自分に対する悪意、敵意、攻撃なんてあり得ないと信じ込んでいる子どもは、自分で命は絶ちません。

それを食い止められるかどうかの勝負は、実は二歳のときに始まるんです。二歳前後の特徴は、問題が起こったり、葛藤したりするのを恐れない。彼らはちょっと体が触れただけで、たがいの髪の毛をひっぱったりしてけんかしますからね。でも、数分後にはニコニコおやつを食べている。だから園の先生方は、黙ってけんかを見ているだけ。二歳児が何かから降りられなくて困っていても、この園の先生方はすぐには降ろしてあげません。助けがないから本人は自分の力で何とかしようと、泣きながらも必死で手足を動かす。そうこうしているうちに、たまたま降りることができてしまった。するとまた、懲りずに登っちゃうんですよね、二歳児というのは。それを繰り返すことで、どうやって降りたらいいかを自然と学習して、最後にはニコッと満足の笑みを浮かべ、その遊びを終わらせる。こういう経験を積む中で、子どもはマイナスの感情を引きずることなく、不快な出来事にこだわろうとせず、スッと心を立て直してしまうコツを身につけていくんですね。

私が園庭の姿を一年に五回変えるようになったのも、永久に変わらない園庭は確かに安心ではあるけれど、退屈の原因にもなる、そう思ったからです。ときには入園式の翌日に、庭に突然、大きな山が現れる。興奮した子どもたちは、猛然と山の斜面の上り下りを始め、飽きることがありません。斜面は子どもたちの太ももや体幹を鍛え、上りの足ごたえ、下りの恐怖は子どもの空間イメージを強靭にしてくれます」

新たな価値を見出す

保育園に初めて来た人は、本来は台所にあるべき鍋やフライパン、おたまなどが園庭に置かれていることに驚くだろう。そこにプラスチック製のカラフルな遊び道具はひとつもない。

「あののっぺりとした感触、人工的な色合いが、本当に子どもに必要なのか。私は見た目のかわいさや美しさより、目に見えない可能性、例えば、そのおもちゃが彼らの遊びを創造する力を引き出すものであるかどうか、見立て遊びへと誘導するものであるかどうかに注目したんです。

例えば園で使っている木の椅子を『これは椅子です』とは言わず、つまり名称にとらわれることなく、その機能のほうに着眼するという考え方ですね。『これ、何に使えるかな?』と。それが机という名で売られていたとしても、滑り台になる、電車にもなる。そういう子どもの思いつきで、物に新たな価値、機能を与えて好きなように遊ばせる。固定観念がまだないという子どもの特徴を生かして、創造力を育んでいくわけです。

人工的なものがない点は、里山も同じです。冷房とかコンビニとか自動販売機とか、いろんな便利なものもいっさいない。欲しいと思ったものが、すぐ手に入る。そういう欲求の満たされ方は、人を駄目にします。待たされれば待たされるほど欲求は強くなりますからね。どうしても手に入らないとなれば、人間はあれこれ工夫し始める。

昔は子どもたちが日常的にもの作りの現場を見ていて、どこの家庭でも、収穫したものやいただいたものを、いったん仏壇にお供えしてご先祖様からいただく、という過程を経ていました。だから、だれかのおかげで生きているということを暮らしの中で実感できた。でも今は、世の中が便利になって、多くのものが簡単に手に入りますから、子どもたちの欲求がすぐに満たされないように工夫する必要がある。そういう意味で、なんでも願えばかなう環境にはない森は、学習の場にふさわしいわけです。里山では、だれも気づかなかった、考えなかったような価値を見出せるかどうか。その能力がすごく問われます。自然には何十億年という歴史がある。約二十万年前に誕生した人類が蓄積してきたものなど、どうあがいても及びませんよ」

永続には革新が必要

ここまでの話からすれば、保育に理想的な環境を模索する中で行き着いたのが、里山だったのだろうと想像してしまうが、宮﨑園長にその決断をさせたきっかけは、実は別なところにあった。

『里山保育』を開始したのは、一九九九年三月のことでした。きっかけは、当時ビジネス誌で話題になっていた〝企業三十年説〟。炭鉱や繊維産業などの隆盛を極めた企業が、三十年の時を経て危機に陥る現実に私たちは直面したわけです。もし永続を望むなら、現状に甘んじることなく時代に合わせた革新が必須だと。これが企業三十年説です。

私も保育士の先生方も、二十年間の成果を実感して満足してはいましたけど、それではいけないんだと。三年ほど考えて導き出した答えが、『里山保育』だった。具体的な構想はゼロ。幸運なことに、ちょうどそのころ、〝森の天才〟直井洋司氏と出会ったんです」

「何もない森に入ろう」。園長のこのひと言で実行に移された『里山保育』。本園から『里山保育』の拠点である佐平館までは、五歳児の足で約一時間。雨の日も風の日も、寒い日も暑い日も、長い道のりを歩いて園児たちは森へと向かう。途中、さまざまな植物や生き物に出合うから、時々寄り道することになる。そこは歩き慣れた道でも、同じ景色は二度と見られない。毎回、なんらかの発見があるから、飽きることもない。季節を目で、鼻で、耳で、肌で、舌で感じながら歩く、大事な時間。子どもたちの口から「疲れた」の言葉を聞いたことが、私は一度もない。

ある女の子のお母さんが、卒園文集にこんな言葉を寄せている。

「いつのまにか風邪をひかなくなった。けがの多い子だったが、けがもしなくなった。すぐに足の皮は厚

講師の直井さんは長年、野生ニホンザルの調査に従事してきた。田んぼでは、無農薬で自分たちで食べる米を作る。

くなり、靴ずれなんてなくなった」

「里山学校」では〝健全強靭な身体の育成〟を、達成目的のトップに掲げているが、私もうらやましくなるほど、子どもたちの動きはしなやかで無駄がない。彼らを追いかけるには、こちらにも体力がいる。気力は充分だが、齢には勝てず、帰るころにはいつも足がパンパンだ。

「小学生を対象にした『土曜学校』をスタートさせたのが、完全学校週五日制になった二〇〇二年。土曜日にしかできないことをやってほしいと、文部科学省が大々的なキャンペーンを展開して、私たちはそれをチャンスと受け止めたんです。

私は『土曜学校』では何もしなくてもいいと、スタート当初から言い続けています。ボーッとして、それでエネルギーを蓄えて月曜日から学校に行けば、それでいい。夜遅くまで塾で勉強したり、複数の習い事に通ったり、日本の子どもたちは疲弊しているでしょ？　アジアの多くの国が、学習は時間をかければかけるほど良いと考えている。ヨーロッパの人たちに言わせると、小学校レベルでは、学ばせる、真似させる時間と同時に、自由気ままに楽しみながら自分の力を試す時間も充分にあったほうがいいと。〈何もしない〝イコール〟何も考えない〉ではありませんよ。何もしないならしないで、何かを考えてほしいと思っています。

結局数年前に、やっぱり土曜日は勉強させたほうがいい、休日を増やしたのは失敗だった、みたいな議論が起こりましたね。ただ、答えが出ていないものを新たに創り出す人材を育てるには、時間をかけて知識を詰め込めばいいかといったら、そうじゃないですよね。ようやく二〇二〇年度に大学入試改革が行われるそうですが、暗記しただけでは答えの出ない問題を解く力を、どうやってつけさせるのか、その答えをどう採点するのか……。私たちは、答えのない問題を解ける子どもたちを育てたいと思って、試行錯誤してきましたから、やっと世の中もここまできたのかな、という印象です。

子どもたちが自分で出した答えが、大人から見てどんなにお粗末なものであってもかまわない。自分で生み出したという、その自己信頼こそが重要なのだと考えています」

サルのように、ハゲタカのように

今週は何をやる予定か、私は里山を訪ねる前に一応確認はするが、特別な日以外は、基本的に何をするかは子どもたち次第なので、実のところ、行ってみないとわからない。だから、木更津に行けなかった土曜日は、子どもたちは今日、何をしているだろう、何か面白いことに遭遇したのではないか、またとない瞬間を見逃してしまったのではないか……私は気になって仕方がない。

何しろ佐平館の敷地内を一周しただけで、自転車の分解、石ころ集め、動物の骨の発掘、木の実の収穫など、何かに没頭する子どもたちの姿が次々と目に飛び込んでくるのだから。

佐平館のシンボルである大樹「マテバシイ」には、ロープが吊るされていて、ターザンブランコとして大人気だ。その大きな葉はお面になり、枯葉はオブジェに生まれ変わる。その実はフライパンで炒っておやつとなる。炒っておいしいのはスダジイに軍配が上がる。昔は農家の庭などにその大木があったが、車が普及すると、駐車場にするためにその多くが切り倒されてしまった。樹齢何百年なのか。佐平館の周りにはその大木が何本もある。子どもたちが呼ぶと、「スダジイ」が親しみのこもった「スダ爺」に聞こえてくる。

あるときは、佐平館の前の畑に三人の女の子たちがいた。畑仕事が大好きな彼女らは、自分たちで食べる野菜の種を植えるために、いつものように鍬で土を耕していた。「このへんにニンジンを植えたんだけど、どれがニンジンの葉かわかんない」などと言いながら、雑草をかき分けている。少し離れた沼地に行くと、全身泥だらけの男の子たちを発見。コメ作りに挑戦するらしく、手で泥をかき出している。その姿はたくましく、「少年開拓団」といった感じだ。そのほか、物作りに励んだり、魚の三枚おろしに挑んだりする「職人小学生」や、生き物に精通した「博士」と呼びたくなる子どもたちもいる。

直井さんをはじめとする講師たちは、子どもたちをさりげなく見守ってはいるが、学校の先生のように子どもの前に立って何かを教えることは、まずない。講師たちも子どもたちと同じように、物作り、農作業、生き物調査など、各人が何かに黙々と取り組んでいる。そこに特別感はない。まさに日常のひとコマなのだ。そんな大人たちの姿を見て、子どもたちは「自分もやってみたい！」と新たな挑戦を始めることが多い。子どもたちに「きっかけ」を与えることが、講師たちの重要な役割なのだ。

直井さんはなかなか厳しい。捕まえた虫を家に持ち帰りたいという子に質問を投げかける。

「こいつは何を食う？　餌は何だ？　餌を知らないと飼えないだろう？　捕まえるのはよいけれど、だからって何でも飼ってよいということではないんだよ。飼わないのなら、元いたところに返しておくこと」と申し出をはねつける。炊くべき米がなくなると、子どもたちは家からおむすびを持ってくるが、それを包んでいたラップが庭に落ちているのを発見したときには、「だれだ？　片づけないで捨てたのは。次からラップは禁止、新聞に包んで持ってくるように」と一喝。使った道具の管理にも厳しい。

「田んぼのカエル、何かに食べられてた。何に食べられたのかなぁ」と報告する子どもにも質問が飛ぶ。「周りを見たか？　何か足跡はなかったか？　刑事だって犯人捜しのときは、現場に何か落ちていないか調べるんだぞ」と。こうしてまた、子ども博士が増えていく。

新しい体験、発見は尽きない。田んぼに張った氷をなめてみた。霜のおりた草に手を置いてみた。水滴を眺めていたら虹色に色づいていた。自然の変化はめまぐるしい。

一人の子どもが泥の中でオケラを捕まえ、私に向かって差し出して見せたことがあった（カバー写真）。

そのときも、私はいたく感動した。『手のひらを太陽に』（やなせたかし作詞／いずみたく作曲）を歌った子の何人が、オケラの実物を見たことがあるだろう。その子とオケラは、ともに泥だらけで、歌詞にある通り、まさに友達といった感じだった。

「自然体験が不足している子は、田んぼに入っても、自然体験を積んだ子より、汚れ方が下手ですね。火の怖さも知らないから、燃えている枝を素手で持とうとする」（直井さん）

木のてっぺんまでスルスル登って、枝の付け根でひと休みする子。きっと見える風景が違うんだろうな。私は彼らに羨望のまなざしを向けてしまう。そんな子どもたちに「君たちはサルか？」と直井さん。木にアケビの実がなっていれば、下にいる子どもたちの周りにその実を落としてくれる。友達思いの優しいお

自分で興味をもつことが実現できる里山。これもダメあれもダメと言われない子どもたちの遊びは多彩だ。

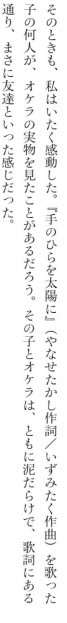

サルさんたちだ。

森で見つけたものは、見つけた人に食べる権利がある。森では早い者勝ちなのだ。それでも、上級生の姿を見ながら子どもたちは自然と、強い者が弱い者に分け与えることを学んでいる。強者を押しのけて食べる子を見ながら、直井さんが「お前たちはハゲタカか?」と笑う。そんなやり取りを見ていると、自分の子ども時代にタイムスリップしたような錯覚に陥ることがある。

原風景

私の子ども時代は、友達が家に「遊びましょ」と誘いに来たときの「遊び」は、イコール「外遊び」だった。ほぼ毎日、夕飯までの時間を屋外で過ごしていた。小学生になってもそんなことをしていられたのは、あの時代に生まれたからなのかもしれない。もし、子ども時代に自然の中で遊び回ったことが、その後の人生でどんな役に立ったのか、と問われたら、〝原風景〟という言葉が私の頭に浮かぶだろう。

宮崎園長は言う。

「緑に満ちた森、やわらかい山道、満々と水をたたえる田んぼに映る空の青さ。これらが子どもの心の原風景となるのです」

私は干し草のにおいを嗅ぐと、子ども時代の日々を懐かしく思い出したり、吹雪の映像を見た瞬間、刺すような冷気の感触が蘇ったりする。それは私にとって幸せな時間だ。特ににおいは、強く記憶に定着するそうだ。

「お菓子屋さんにいるような甘いにおい、よだれが出そうになるウナギ屋の煙と一緒に漂ってくるにおい、早春の青草のにおいだけでなく、田舎の香水などと言われる鼻が曲がるような悪臭も体験する〟嗅覚トレーニング〟が、子どもには必要なんです。『いいにおいだねぇ』『臭いっ』と親子で語り合った記憶を持つこと。においの体験は、その種類も強さの度合いも、幅が広ければ広いほどいいですね。

焚き火は、煙のにおいが衣服につくから嫌だとか言う人がいますけど、私はその感覚を疑います。日本人にとって焚き火の煙のにおいは懐かしい、いいものだったはずなんですよ。里山で過ごした子どもたちは、きっとおいしい焼き芋の味を思い出すんじゃないですかね。消臭剤をやたらまき散らしたり、芳香剤の香りで子どもを包んだりしないことです」

消臭だけではない。日本では抗菌、除菌と、清潔志向はとどまるところを知らない。私は職業柄か、そのあたりは鈍感で良かったと思っている。辺境の地へ行けば、当然、水洗トイレどころか、トイレそのものがないところだってある。モンゴルの遊牧民を取材したときは、牛糞を天日干しした燃料で煮炊きした料理をご馳走になった。取材中、何日も風呂に入れないことも珍しくない。

「本来、多少の汚れ願望を人は持っているものですし、不潔さにある程度鈍感だからこそ、電車の吊り革につかまり、洋式トイレに入り、食堂で束になって置いてある割り箸を使えるわけです。だからきれいなプールに入る前に、汚れた泥水遊びを徹底的にしておくことが、私は子どもたちの精神を柔軟かつ強靱にすると考えています。

私の保育園の子どもたちは泥を食べているらしい、と噂になったこともありますが、泥が口に入るのも気にすることなく、全身泥だらけになって遊ぶ。そうやって汚れ願望を充分に満たした後ではじめて清潔を経験すると、子どもたちは『わ〜、きれい!』と感激します。不潔体験なしの清潔志向は、清潔体験の感動がないだけでなく、汚れ、不潔を恐れ、忌避する精神を生みやすいんですね」

確かに私の写真には、パンツ一丁で泥だらけになっている子どもがたくさん登場する。ぬれようが汚れようがおかまいなしで、彼らは夢中で遊んでいる。この里山保育の、夏の定番スタイルとも言えるパンツ一丁。その歴史をさかのぼると、土踏まずの形成に行きつくことを私はずいぶん後になって知った。

「土踏まずをつくるために上履きを廃止したんです。室内での裸足が、やがて園庭での裸足に発展し、足を洗うための洗い場が子どもたちの水遊び場となった。そして、この水遊びブームが、ある先生の『洋服が汚れるから、パンツ一丁になろう』という提案へとつながった。だから『裸保育』は結果であって、目的ではなかった。パンツ一丁になる前に、衣服をびしょびしょ、ドロドロにしても、まったく気にせず遊び続ける子どもたちが存在したということです。『あらまあ、こんなに汚して！』とお母さんにパンツ一丁にされても、懲りることなく遊び続ける子どもたちが、日本全国にあふれてほしいと思っています」

痛みや苦しみを味わう

「泥だけで遊べるということは、おもちゃがなくても楽しく過ごせるということですね。かけっこや鬼ごっこなど、人間関係を軸にして遊ぶことも、葉っぱや棒切れ一本で遊ぶこともできるのに、いつの間にか市販のおもちゃがないと遊べない子どもが増えてしまった。子どもの玩具はカラフルでないといけない、みたいな大人の価値観・錯覚が子どもにまで植えつけられていく。私は、例えば土蔵のような、カラフルでもなければ、子どもを喜ばせる目的でつくられてもいないものに、心ときめかせる子どもであってほしいんです」

今は足の上に落ちてもけがをしないようにソフトな軽い積み木が主流になっているが、ここでは宮崎園長の考えで、硬くて重い昔からの積み木を使っている。

「足の上に落ちるとものすごく痛い。ぶつけたら大変です。特に目に当たったら取り返しがつかないことになりますから、ハイハイの時期から、何度も転ぶ、ぶつかる体験をして、何か危険が近づいたら目をパッとつぶるレッスンをしておくんです。

危険なものを子どもの目の前からすべてなくすのは、不可能です。小刀も、人に危害を加える危険性があるから子どもには与えない、という論理は短絡的すぎる。基本的に子どもは危険なものが大好きなんですよ。特に男の子はそうです。取り返しのつかないことをしているなら止めさせるしかないけれど、そうじゃないなら、どんどんさせたらいい。けがをしたりアザをつくったり、痛みや苦しみを知っている人間のほうが、世の中に出たときに、人の上に立ったときに頼りになります。記憶力だけがたまたま優れていた人間がリーダーになったら、どうなりますか？ 天災でも人災でも、最終的に判断を下すのはリーダーなんですから、リーダーがそういう経験もなしに、教科書の知識だけで判断したら、それは見誤りますよ。取り返しがつかないことになる。

里山にも、けんか、いじめはあります。でも、みんなの前で上級生からたしなめられる。その上級生だって、以前はだれかをいじめていた。そうやって、悪いことをしていた子が止める側に回るんですね。善も悪も学んだ上で善く生きようとするほうが、人間は強くなれるんじゃないでしょうか」

爆発を経て成熟する感情

「土曜学校」の入学式で、宮﨑園長が「ここにいる上級生がこれから君たちのことを見てくれるからだいじょうぶ」と話されていた通り、ここは子ども社会なのだ。

「上級生は、火をおこすのも、飯盒でご飯を炊くのもうまい。だから下級生から頼りにされる。このだれかに頼られた経験が、自信の根っこになると私は思っています。土曜学校には通知表がない。上級生たちを評価するのは、仲間や下級生たちですから、学校の先生の評価基準とは当然違ってきます。学校で優等生だからといって、ここでは周囲がその優等生についていくとは限らない。

けんかをしたこともない子どもたちが社会に出て、何かのプロジェクト・リーダーを命じられたら、どうなりますか？　トラブルや問題が発生すること自体が恐怖になっているようでは、多彩なメンバーと一緒に仕事をしていくことはできないでしょう。その点、ここの卒園生は、小学校で何かトラブルが起きても、先生が出て行く前に仕切ってしまうらしいですよ。ガラスが割れたら、一人は破片が散った場所に入らないように周囲に目を配り、もう一人がサササッと破片を片づける。彼らは指示待ち人間にはなりません」

目配り、気配り、心配りができて、段取り力にも優れた子どもが、ここではリーダーシップを発揮していることは、彼らを見ていればすぐにわかる。子どもたちは、自分が採ってきたものを「食べてください」と、よく私に分け与えてくれる。それはだれかに指示されたからではなく、良い子を演じているわけでもなく、自発的なものだから、いつも清々しい。

「足の不自由な女の子が小川に落ちそうになった瞬間、すぐ脇にいた女の子が彼女を抱っこして、そのまま一緒に小川に落ちてしまったことがあるんですね。助けた女の子も泣いてしまうんですけど、そんなことをとっさにやってしまう。だれが教えたわけでもないのに、ハンディのある子を自分は助けなくてはいけない、という思いが彼女の中で育っていて、無意識の行動に出てしまったんでしょうね。そういう子どもを里山は育ててくれるんですよ。自分で判断するレッスンをしていると、パニックになっても、茫然自失状態にはなりにくい。意識しなくても自力で立て直そうとする。意識を介さずに体が勝手に動くには、日ごろからレッスンをしておくしかないんです。

感情をしっかりと鍛えることは言葉を鍛えることにもなるし、実は無意識を鍛えることにもなる。パニックになると明確な判断ができなくなりますから、無意識が、前に出ろ、止まれ、逃げろ、と働いてくれないと困るわけです。

感情を爆発させるべきだ、感情は表現されなければ腐ってしまう、と私は言いますけど、九歳までけんかはとことんやらせてあげたほうがいいんですよ。爆発を通して感情を成熟させる。その結果、感情を支える無意識もまた成熟していく、とこのごろは思います」

実感を伴う「ああ、そうか！」

ある脳科学者から、こんな話を聞いたことがある。脳は、脳幹→古い皮質→新しい皮質、の順で形成されるそうだ。いくら新しい皮質に知識を蓄えても、何かをしたいという意欲や情熱などを生む古い皮質が

４月の「土曜学校」の入学式で、「６年生があなたたちに教えたり守ってくれたりするから自由に遊んでください」と宮崎園長。橋を作ったり、畑を耕したり、働くことが好きな子どももいる。

育っていなければ、知識は活かされないまま、宝の持ち腐れとなってしまう。だから、古い皮質が形成される乳幼児期に自然に触れ、五感をめいっぱい刺激することが大事なのだと。

里山で目にする色や形は限りない。里山ではいろいろな音や声を聞くことができる。いいにおいが漂ってくることもあれば、鼻がもげそうな悪臭に遭遇することもある。おいしいものもあれば、口に入れた瞬間、吐き出してしまうほど渋いもの、苦いもの、青臭いものもある。素手や素足で自然と触れ合う時間。「どんな薬より苦い」「うんこ爆弾だー（木から落ちてくるギンナンの実のこと）」等々、子どもたちが感じたことを表現する言葉も多彩で、一緒にいるこちらも、その感性に触れることができて実に楽しい。宮崎園長は言う。

「オタマジャクシの卵は冷たくてヌルヌル。カナヘビはなめるとしょっぱい。ビックリやドッキリをたくさんくれるのが自然なんです」

「里山教育」の拠点である佐平館では、一年中、火が焚かれている。煙い、暑いと言いながらも、子どもたちは火の周囲に集まってくる。火を絶やさないように薪を集めてきて、うちわで扇ぐ。みそ汁の鍋が置かれ、網の上には焼きおにぎり、椎の実、どんぐり、とうもろこし、芋など、旬の食材が並ぶ。水分を含んだ木が燃えるときにたてるパチパチといった音や、炎の色や形、大きさの変化が面白いようで、火のそばに居座る子もいる。火には人を引き寄せる力があると宮崎園長は言う。

焚き火の良さは、原因と結果を結ぶ過程が丸見えな点にもあるそうだ。

「煙が出る、炎が見える、自分たちで火加減を調節しているという実感が、コンロと違って鮮明。油断していると火傷をする。だからいいんですよ。ＩＨなんて論外です」（直井さん）

今は、自宅がオール電化になっている子どももいるだろう。彼らは調理中に炎を見ることがないわけだ。原体験から焚き火が消えてしまった今、そういう子は、火を実際に見る機会が、年間どれくらいあるのだろう。

そういう私も、昔は写真を現像する際、暗室で現像液の中の印画紙に像が浮かび上がってくるのをじっと見ていたが、今はデジタル化が進み、プリンターの中で何が行われているのか、その過程を見ることはない。便利にはなったが、あのドキドキ感は失われてしまった。

「回るとか上下するとか、単純な道具、原始的な道具を子どもは面白がりますね。こうすると、こうなる、が目に見える道具、例えば『足踏みミシン』。そういう道具が、子どもには使えなくても置いてあるだけでもいいんです」（直井さん）

里山での農作業もそうだろう。加工食品が多く、自分が何を食べているのか意識しづらい今。野菜をスーパーで見ているだけでは、自分が食べているのが葉っぱなのか、茎なのか、根なのか、実なのかもわかっていないかもしれない。命をいただいているという実感も薄れているだろう。蛇口をひねれば、それどころか、手をかざしただけで水が出てくるところも増え、水が自然の恵みであることも忘れがちだ。

その点、「土曜学校」では、昼ご飯のみそ汁の具も燃料の薪も、子どもたちが収穫したり拾ってきたりしたものだ。道端に落ちている長い枝を拾って、「僕の手って、こんなに長いんだ」と言いながら、手の届かない場所を枝で探索する子。野の草花を器に活け、それを満足気に眺める子。興味・関心を持って、自らで行動を起こせるここの子どもたちなら、ＡＩだって自分流に使いこなしてやろうと考えるだろう。彼らは、人間でなければできないことを、今、里山でしっかり育んでいるのだから、間違っても自分が何をしたらいいかをＡＩに質問するような人にはならないはずだ。

知らないことがあれば、すぐにスマートフォンで調べられる今。予想するとか、推測するとか、そういう時間は極端に減っている。宮﨑園長は、実験・体験の大切さについてこう話す。

「板倉聖宣《きよのぶ》氏の『仮説実験授業』を知ったのは、私が北海道大学の学生だったころでした。それまでの私は、まず先人が成果をあげた実験を、その通り再現して、その結果を見てから自分で再考するものだと思っていたんです。ところが板倉氏は、たとえ小学生であっても、彼らの経験をもとに、彼らの頭で仮説を立ててから実験をすべきだと述べられていた。〝わかる〟とは、自身の実感をもって、心底『ああ、そうか！』と納得することなんですね。実験結果を予測して、その仮説を仲間と議論しながら理屈づけしていく。実験の装置やその手順だって、そうやって考えていくわけですからね」

大地震が起きたらここに来る！

里山には、いくつかのルールが定められている。里山の子どもたちは、真夏であろうと長靴、長袖姿。汚れてもいい服を着てくる。里山では甘えは許されない。服を泥だらけにしても、いっぱい遊んだことを喜んでくれるお母さんたちだが、彼女らは里山に来ることは許されていない（講師やスタッフなどを務める保護者は除く）。実際に目の前に子どもがいれば、心配から思わず口出ししてしまうこともあるだろうし、子どもたちも、お母さんがそばにいると、ついつい甘えてしまうからだ。

室内で遊ぶことは、基本的にあまりない。このルールがなければ、寒い、暑い、疲れたと言っては、室内に閉じこもろうとする子がいるかもしれない。

「里山保育」では給食が出る。ここでは子どもと大人の食べ物の量に差があるのは当たり前。バナナだってりんごだって、大人のほうが明らかに多く配られるが、それを見ても、ここの子どもたちは「ずるい」とも「いいなぁ」とも言わない。一方、「土曜学校」で里山に持ち込むことが許されているのは、白いご飯だけ。

私はいつもコンビニでおにぎりを買っていくのだが、海苔はルール違反。見つかれば子どもたちから注意を受けるから、いつも隠れてこっそり食べることになる。食べる時間も場所も自由だ。やりかけの作業を中断する必要はないのだ。お腹がすけば、子どもたちは食べ物を求めて里山を歩き回る。私は子ども時代、台風の翌日によく森へ行ったものだ。地面にいろいろな実が落ちているからだ。くるみや栗を拾って、その木の所有者から怒られたこともある。佐平館の周りにもたくさんの食べられる実がなっている。みかん、栗、ギンナン、桑の実……。実のなる木のそばにいけば、だれかしらいる。この里山は保育園の所有だから、食べても怒られることはない。直井さんは子どもたちにこう話す。

「うまいだろう？　しかも、タダだ。食べるために働く。これが労働の基本なのだよ。って言ってもわからないんだろけど（笑）」

「夕飯、何がいい？」と子どもに尋ね、そのリクエストに応える家庭が少なくないと思うが、この里山では、食に関して「子どもファースト」は、いっさいない。ここにやって来る子どもたちだって、家に帰ればジャンクフードを口にすることもあるだろう。でも、彼らの食卓から日本伝統の味が消えることはないだろう。同じく、家ではゲーム遊びに熱中しているかもしれないが、この先も、ゲーム依存症のように部屋に閉じこもることはないだろう。子どもたちも自分の変化を自覚している。

「友達の土曜日の過ごし方は、勉強や塾やお稽古事、ゲームが多いかな。でも、私はここに来て自由に楽しむ」

「学校や家でできないことが森に来るとできるから、楽しい」

「私は地震が起きて、もし電気も食べ物もなくなったら佐平館に来る。自分たちで生活できるから」

「自分で考えてやってみることが身についた気がする」

四十年かけて築き上げてきたもの

「子どもを里山に連れ出そう」とは言っても、木更津のように郊外に里山が残っているところばかりではない。現に東京都内には、園庭すらない保育園も少なくない。

「イベント化した自然体験も、学校のビオトープも、教育的効果がゼロとはもちろん言いません。ただ、危険体験が排除されている分、自然に対する敬意、恐怖といったものを実感しづらい点は否めません。そうなると自然に対して馴れ馴れしくなる。自然はなめたら、まずいですよね。

与えられた条件をどう生かしていくか。周囲に自然がほとんどない、あるいはあっても安全に整備されている。だとしても、その中で何に注目すべきかは、もう単純です。〝子どもたちの表情と身のこなし〟ですね。例えば、街の中の公園に木があって、虫が飛んでくるような世界があるならば、あとは使い方でしょう。もちろん、自然体験には危険が伴います。『そんなことやらせて、だれが責任を負うんですか』と人が言っているのをニュースなどで見たりしますけど、いっさいの責任は代表者にあります。議論など不要。なにがあっても自分が責任をまっとうする覚悟で、私は思い切ったことにも取り組んできました。この木更津社会館保育園では、ありがたいことに、親御さんとの間に相当の信頼関係が存在しています。そういう関係を十年、二十年、四十年かけてつくってきたんです」

たとえ自然豊かな地域の教育機関であっても、宮崎園長のような最終責任者としての意識を持ったリーダーがいなければ、真の自然体験は実現しないだろう。今、私たちの周りは情報であふれている。その情報に踊らされ、さまざまなブームがわき起こり、そして気がつけば沈静化している。自分の頭で考えたり検証したりすることもなく、人は踊る。元々良いとされてきたことが、今の世の中では不要とされてしまう。そんな忘れ去られたことに対しても、宮崎園長は本当にそうなのか、常に考え続けている。

「子どもたちに何を教え、子どもたち自身に何を任せるか。土曜学校が始まる前に、毎回三十分漢詩や般若心経、昔の人の言葉等を三年生以上で唱えたりしています。大切に残しておくべき〝古来の流儀〟など、戦後、手放してしまった大事なものを一つひとつ拾い上げる作業を、私は今もやっています。私の園長としての関心事は、『この子は今、この一瞬を、心の底から受け入れ、楽しんでいるかどうか』です。それをいつも確認しながら、園長として四十年やってきたのです」

そのおかげで、私は自分が追い求めていた子どもらしい子どもたちと出会うことができた。

撮影にあたり、大変お世話になった木更津社会館保育園の宮崎園長と保育士のみなさん、「土曜学校」の直井さんと講師のみなさん、そして、保護者の方々と子どもたちに、心から感謝を申し上げます。

3〜6年生は森に入る前に、漢詩などを読んだり、宮崎園長の話を聞いたりする「詩の時間」がある。大人になっていくための常識を身につけさせる。

本書に寄せて

「無痛文明」を生きる戦略

木更津社会館保育園　園長　宮﨑栄樹

四歳の子どもたちの、骨盤底筋などがこのごろ弱くなったと私は思う。原因は、背もたれつきの椅子とソファー、そして洋式便座。どちらの座具も体幹の筋肉を軟弱にし、背骨をゆがめてしまう。畳にちゃぶ台で正座なら、体幹の筋肉を鍛え、へそ・内臓を正常位置に置いてくれた。水道が自動化され、ひねる蛇口が消えて、握力・腕力も落ちはじめた。空き瓶のふたをひねり開けることができない小学生たちがいると、NHKで報じられた。

便利・快適の生活が、一々の「ちょっとした努力・がまん・工夫」を不要にした。「すべてを自動化する」という発想が、ドア・水道・階段・トイレ・風呂・照明スイッチ等々から人の注意・記憶・気配りの日常動作を遠ざけている。正にそれは哲学者の森岡正博氏が解明された「無痛文明」の世界。

対米戦争の敗北に懲りて、保育所・幼稚園・学校で「争いがない」世界が追求されだして七十年余り。「平和でけんかや争いがない世界」は「無痛文明」の大前提であった。しかし、不思議なことに四十年ほど前から児童・生徒たちがいじめによって自殺しはじめ、二〇一七年度の不登校の小中学生は十四万四千三十一人と過去最多となった。一方で、ピーク時には年間一万六千人を超えていた交通事故死は、二〇一八年は三千五百三十二人と過去最少になっている。教育関係者たちはいったい何をしてきたのか。

いじめ・自殺への木更津社会館保育園の処方は、子どもたちに「存分にけんかをさせてあげよう」だ。その心は、感情処理の根本体験を積ませることにある。

一週間保育実習に入ったAさん曰く――「社会館保育園で、一日平均五件は子どもたちのけんかを見た。でもおもしろいことに、手や足が出るけんかでも、終わった後は何事もなかったかのように一緒に遊んでいた。ここの先生方は気づいていても原則けんかを止めない。注意しながら放置する。すると、仲間が間に入ったり、だれだれが悪いと判定したり、自分たちで止めてしまったりする」。実習生Bさんは――「けんかを途中で止められると、話し合って謝っても納得しないことが多い。結局また延長戦をやる。止められても双方の不満は収まっていないからだ」。

当事者にとって、けんかは感情の爆発である。言葉でどうすることもできないのだから、爆発させてしまうほうが収まりやすい。出来事すべてを、言葉で説明し解決できると思うのは、浅はかだ。とくに子どもたちは、言葉で解決できないから、力に訴える。このやむにやまれぬ衝動を、言葉でごまかすことなくぶつけ合わせることはとても大切だ。非言語的コミュニケーションの極点であるけんか。無意識下で自己イメージ・独自の感情表現がほぼ完成する九歳までに、感情処理の根本体験を十分にさせておきたい。

「無痛文明」を子どもたちが生きるための戦略として、木更津社会館保育園がとくに力を入れて取り組んできたのが、本書で紹介した「里山保育」と「土曜学校」である。岡本氏のカメラは、子どもたちの無意識・心情・態度・意欲を、見事に活写してくれた。一枚一枚の絵に、一瞬一瞬の子どもたちと岡本氏の思いあり。感謝。

一九三八年十二月一日以来、木更津社会館保育園創立八十周年を記念して記す。

みやざき　えいじゅ

1948年千葉県生まれ。北海道大学文学部哲学科西洋哲学専攻課程卒業。真言宗豊山派愛染院住職を務めるかたわら、千葉県職員などを経て現職。木更津社会館保育園は、2018年12月に創立80周年を迎えた。「里山保育」や「土曜学校」の取り組みは、NHK ETV特集やドキュメンタリー映画『里山っ子たち』『Little Challengers 小さな挑戦者たち』『里山の学校』、書籍『里山っ子が行く！木更津社会館保育園の挑戦』（農文協）などで紹介されている。第5回こども環境学会賞「こども環境活動賞」を受賞。保育園のホームページ（http://shakaikann.com/）には宮崎園長の保育に対する考え方なども掲載されている。

著者紹介

岡本 央（おかもと さなか）

写真家。宮城県大崎市出身。「中国」「日本の農村」「国境を越えた日本人」など人間と風土をテーマに、数多くのフォトルポルタージュを各誌に発表。同時に、長年ライフワークとして「“自然と風土に遊び学び、働く”、世界の子どもたち」をテーマに撮影を続けている。木更津社会館保育園の里山保育と土曜学校の取り組みは約10年に亘って撮影。著書に、『馬と遊び馬と走る　モンゴルの大草原』（草土文化）、『里山っ子が行く！　木更津社会館保育園の挑戦』（共著・農文協）、『ブータン　幸せの国の子どもたち』（共著・東京書籍）などがある。

泥んこ、危険も生きる力に

ないないづくしの里山学校

2019年8月20日　第1版発行

著　者　岡本 央
発行者　関口 聡
発行所　一般社団法人 家の光協会
〒162-8448　東京都新宿区市谷船河原町11
電話　03-3266-9029（販売）
03-3266-9028（編集）
振替　00150-1-4724

印刷・製本　図書印刷株式会社

ISBN978-4-259-54770-7 C0095